JN440258

눈물이 참 싱겁다

김진숙 시집

문학의전당 시인선
0307

눈물이 참 싱겁다

김진숙 시집

문학의전당

시인의 말

너무 애쓰지 마라
눈물을 이길 수 없다

이길 수 없다면
그냥 견디는 것이다

밤의 문장을 건너
아침이 온다

2019년 6월
김진숙

차례

제2부

제3부

제4부

제1부

겸손이라는 손

꽃이 뭔지
바람이 뭔지
예까지 나를 끌고 온

공갈빵 같은 시만 쓰다가
노을 앞에 마주서면

불현듯 혼자된 손이
주머니 속에 숨는다

타인의 더딘 손목을 잡아준 적 없었고
먹장구름 짙은 살결을 어루만져준 적 없었고
걸난고 오래 참은 적 없는 나의 물온한 손이여

손과 손 마주 잡아야 기도는 완성되나
왼손이 어제 한 일을 오른손이 반성해야
냉정을 견딜 수 있나
무너지는 저물녘

산란기

정직한 시가 못 된 건
나 혼자뿐이더군

시를 낳고
연애를 낳고
꽃도
바람도
치열하게

맹꽁이
저 화끈한 사랑
슬어놓은
장맛비

매미 허물

아스팔트 바닥으로 용접공의 불꽃 튀는
그 여름 내 등을 찢고 누군가 달아났다
힘겹게 벗어두고 간 덩그러니 작업복

껍질뿐인 얼굴을 묻고 울음 다 마를 때까지
두 손이 움켜진 하루, 흙냄새 여태 날까
혹서기 울음의 뿌리 비망록을 읽는다

한 치 앞도 보지 못한 나를 꺼내 말린다
싹 쓸어 가셨는가, 멈칫한 고목나무에
반투명 등짝 속으로 스며드는 햇살아

눈물이라는 장르

봄 오는 길목에 이따금 갇히곤 한다

두부 같은 날들이 책상 위에 물렁하다 다 식은 커피 잔 읽지 못한 시집까지 쌓아둔 구름 조각들 두서없이 축축하고 수도꼭지 잠그는 걸 금세 또 잊었는지 행운을 꿀꺽, 삼켜버린 부엉이가 한눈팔지도 않고 무슨 주문을 외우는지 거실 밖 이월 바람이 자꾸 창을 두드려 꽁꽁 얼려두었던 내 안의 세포들은 옛집 슬레이트 처마 끝에 매달려 싱겁고 싱거워진 계절을 훌쩍이다가 사진 속 넉넉한 아버지가 두 스푼 된장을 풀어 끓여낸 아침의 시를 맛있다, 연신 드시는 목소리를 듣곤 해

첫 음을 항상 놓치는
눈물이 참 싱겁다

푸른 모과

열여덟 꽃의 힘으로

열매가 되기까지

바람에 불쑥, 떨어져 멍든 시간

단단히 마음 붙들고

살아보라 하신다

섭지코지

1.

밤하늘 훔쳐보다
입 안에 침이 고였다

한입 크게 베어 물던 '보름달' 카스테라

초가을 덜컥 받아든
그것도
팔월
보름

2.

피 묻은 칼을 물고
투신하는 풀벌레에게

배 한 척 띄우지 못한
벼랑 끝 파도에게

부재중
문자메시지
'혼자라도 괜찮아'

세븐 헤어살롱

세상 모든 어미들은 왜 슬픈 혀를 가졌나

내 뒷머리에 제비 한 마리 산다 기원을 알 수 없는 집 한 채 짓고 산다 어미 소 핥아주어도 아직 태를 벗지 못한 뒤통수 제비초리가 소리 없는 증거다 수차례 가위손도 잡지 못한 날갯죽지 제비초리 제비추리 꼬리에 꼬리를 찾다 나도 몰래 울컥 만져버린, 나를 낳은 순간부터 닳고 또 닳도록 어머니의 혀는 조금씩 슬퍼졌을까 초가을 편두통을 새소리로 듣다가 나 혼자 길을 놓친 계절의 한 귀퉁이 자꾸만 나의 왼손이 왜 뒷머리를 쓸어내리는지……

이제 난, 믿기로 한다
혀의 문장 어머니!

석화

누구의 묵상 기도가
저리 간절했을까

까칠한 손등마다
가만히 귀 대어보면

강보 속 내 어머니가
물려주시던 초유 냄새

누구나 제 밥그릇은
챙기고 태어난다며

꼬옥 움켜쥐라던
지구의 한 귀퉁이

이제는 멀어진 바다
밥상에서 듣는다

아코디언 상상

길 위에 악기가 되리
내 심장은 아직 뛴다
혼자 걸어가기엔 햇살이 너무 좋아
찔레꽃 낮게 핀 언덕
지붕 없는 집엘 갔지

동백꽃 무덤 지나 보리밭 푸른 건반
무릎께 풀잎 소리 아삭거리는 바람 소리
오월은 세상을 향해 저렇듯 노래하지

바다가 반쯤 내걸린 들녘의 내 아버지
오래된 그 집에 누워
하늘 한번
바다 한번
둥글게 가슴을 여는
아코디언 한 소절

성산포 고향 바다 당겼다가 풀었다가

삼나무 가지 끝
휘파람새 홍 돋우는
트로트 아버지의 집은 유랑극단
오, 봄날

구리역을 지나며

미완성의 이별과
플라타너스 상처에 대해

아무도 묻지 않았으므로
나는 대답하지 않았다

가을을
퇴고하지 못한 채
빠져나온
구리역

엉또폭포

오래도록 참았네
멈추어 선 저 울음

말을 아끼던 어머니
타들어간 속내인 양

흐리고 쓰린 날에도
쏟아내지 못하네

무심히 동백 지는
절벽에 기대어서

엉엉 또 울어야
펑펑 다 쏟아내야

그 겨울 견딜 것 같은
막내딸을 보았네

푸른 상영관

물고기가 운다는 그런 설정은
진부하다

영자포차 수족관 앞에 쪼그리고 앉아서
켜켜이 유리에 맺힌 눈망울을 관람한다

윙크 한번 날린 적 없고
눈감을 수 없으니
그토록 슬픈 눈을 나는 본 적이 없다고
무심코 읽어 내려간 자막은
분명 오류다

벵어돔 돌돔 우럭, 다금바리 대역까지
한번 문 낚시 바늘을 끝끝내 놓지 않아
늦저녁 초장에 찍은 대사들은
치열하다

뜯겨져 너덜너덜해진 우리 삶의 지느러미

함부로 놓지 못하는 오늘처럼 내일처럼
아파트 뒷골목에서
사람들이 숨을 쉰다

수선화 피는 밤은

하얀 숨 뱉어내는 수선화 피는 밤은
자동차 라이트도 둥그런 꽃을 달고
하향의 눈을 비비는 귀갓길을 달린다

언제부터 한 걸음씩 멀어지고 있었나
난시로 뜬 별무리 피다 지는 하늘가
오래전 이름 하나가 깜박 깜박거린다

바람을 기다리다 못 부칠 편지들아
첫사랑 아련함이야 젖은 땅에 묻어둘게
꽃 밖에 잠시 흔들린 수선화 피는 밤은

아직도 나는 보리다

맨땅을 뚫고 나온 청보리 싹을 보거라

열 칸짜리 세상에다 또박또박 써야지

아버지 푸른 말씀들

처음처럼

듣는

봄

청춘을 위한 랩소디

꿀꺽 넘길 수 없어 목구멍에 딱 걸린
스무 살 까슬까슬한 봄 언덕 같은 힘으로
이제는 너의 차례다, 무른 땅은 파지 마라

골목길 헤매다 보면 겁이 덜컥 솟아나지
담장 너머 잠든 밤도 가끔은 무서워서
북극성 이마에 대고 컹컹 짖어댄다는 걸

한참을 울었구나, 굳게 닫힌 철문 앞에
어젯밤 소주병도 너처럼 쓰러졌구나
헤집고 돌아다니다 길을 순간 놓쳤구나

때로는 나였다가 때로는 너였다가
시대를 가로지르는 산산조각 같은 것
사랑도 울 줄 알아야 한 치 앞이 보인다지

페디큐어

삐끗한 여행길에 뭉툭해진 발톱을 보며
나를 지탱해준 것은 온전히 발이었음을
흰 꽃잎 점점이 찍어 고백하듯 써본다

한 생이 지구라면 반 바퀴는 걸었을까
당신은 그리운 쪽으로 자꾸만 기울었고
힘주어 버틴 시간들 뼈마디도 휘었겠지

심장과 가장 먼 곳에 피어나는 꽃이여
고집도 굳은살처럼 깎여지고 무뎌질 터
두 발이 닿는 곳까지 오늘을 걸어야겠다

햇살 좀 익혀드릴까요

반음 내린 흰 건반을 눌러보는 손가락 사이

사랑 연애 계단 학교 닭장 토끼 겨울 외투 용기 고모 거울 수저 상처 불안 얼음 철봉 울음 고향 재복 질문 심상 약속 비탈 나무 수직 수평 맨발 허물 껍질 바람 노래 악사 기침 밥알 주먹 관절 비명 주소 시간 주문 기둥 명함 얼룩 탄생 장화 왼쪽 나비 동굴 폐허 영토 시계 가슴 이별 수의 바람 자해 꼬리 밥알 비석 이빨 지퍼 하늘 베개 영혼 종이 허공 고요 유서 골목 문득 벼랑 맨발 천둥 그늘 낙화 절벽 병실 혈관 통증 내부 노을 하관 속도 소금 통장 참외 가지……,

그림자 납작납작한 아버지의 기호들

제2부

장마

산수국 꽃잎 아래 웅크리고 앉아 있었다

당신은 띄어쓰기도 없이 눅눅한 시를 쓰고

한 번씩 숨넘어갈 듯 바다 향해 울었다

울음을 팝니다

운다
주거니 받거니
탁구 치듯
맹꽁이 운다

넘어져 울던 사랑도
기를 쓰고 사느니

혼자서
어쩌지 못한
내 울음도
반짝 세일

항아리가 사라졌다

돌담을 슬쩍슬쩍 넘보던 바람일 거야

종부의 이름으로 옛집 처마 받들던 어머니 그 어머니의 항아리가 사라졌다 백년도 족히 넘었을 검붉은 숨의 내력 먼 나라 사람처럼 훌쩍 떠난 구름처럼 깊숙이 항아리 속에 빠져본 적 없는 나, 물이 되고 씨가 되고 밥이 되고 술이 되던 촐래단지 서능생이 방춘이 시불통개 등덜펭 버럭지 옴팍지 허벅등덜기 이름마저 옴팡진 길 고스란히 잇지 못한 죄인처럼 행방을 묻고 또 묻는데 몰랐다 옹기 안 하늘과 구름 흐느낌의 빗소리를 공출에도 지켜온 제기 놋그릇에 놋수저 땅에 묻고 가슴 졸이던 제주 여자 바람 든 뼛속을 통째로 거룩한 생을 떠메고 사라진,

뒷마당 텅 빈 무릎에 서성이는 너! 바람

빈집의 화법

오지 않는 사람을 기다린 적 있었다
감물 든 서쪽 하늘 물러지는 초저녁
새들이 다녀가는 동안
버스가 지나갔다

다 식은 지붕 아래 어둠 덥석 물고 온
말랑한 고양이에게 무릎 한쪽 내어주고
간간이 떨어진 별과 안부도 주고받지

누구의 위로일까
담장 위 편지 한 통
'시청복지과' 주소가 찍힌 고딕체 감정처럼
어쩌면
그대도 나도 빈집으로 섰느니

직설적인 말투는 잊은 지 이미 오래다

좀처럼 먼저 말을 걸어오는 법이 없는

그대는 기다림의 자세,

가을이라 적는다

바다가 전부였던
—숨·1

순비기 질긴 심줄로 배운 것이 물질이라
하루에도 몇 번씩 끊어질 듯 넘어갈 듯
물숨을 이기고 돌아온 자맥질이 아득해

마음 다 쏟아놓으니 가난도 가벼운 걸
세상이 바다였고 바다가 전부였던
고모님 테왁 망사리 물고 가는 새떼여

'밥'이라 크게 쓰고 '숨'이라 뱉어본다
바다의 법을 따라 죽어야 다시 사는
이만한 세상없더라, 하늘도 바다더라

우리는 날마다 이별을 한다
—숨·2

해를 숭배했으나 사랑은 너무 짧았다
이삭도 되지 못한 저 끝물의 수박덩이들
말매미 울음 조각만 구경꾼처럼 흩어지고

먼저 가신 오빠와 날마다 이별을 해도
쩍쩍 갈라진 틈으로 봉합되지 않는 낱말들
늦여름 나를 이끌고 여기까지 왔구나

살아서 아픈 것끼리 그렇게 견디는 거다
두 손 모아 절하듯 욕심을 내려놓아도
까치가 가슴에 들어 무른 데를 콕콕 쫀다

누이야, 누이야
—숨·3

고운 손 몽돌 같던
출향해녀 바닷길

사는 일 숨이 가빠
고향 한번 가보지 못한

큰고모 숨비소리가 파도 따라 감겨온다

누이야, 누이야
생전의 내 아버지

못 부친 편지 한 장
동백처럼 붉었을까

갯바위 가마우지도 목이 한참 쉬었다

그리운 것들은 모두 붉다
—숨·4

노을은 오목가슴에 그리움만 키웠구나

두꺼워진 손톱으로 은박지화 그리시는

팔순의 바위섬들이 무릎 세워 앉은 바다

오지게 살아온 길이 성게 껍질 속만 같다

문지방 넘다들던 만성두통 바람 따라

방파제 겉돌다 갇힌 꽃송이 저 붉은 길

섬

한 번도 젖은 발목을
내보인 적 없었다

철썩철썩 흐느껴 우는
달무리 진 밤이면

등이 휜 기침 소리가
환해장성을 넘는다

사랑이 왔다
—이중섭의 팔레트

아내가 뜨개질하듯 세상 밖에 내리는 눈

소가 된 사내를 따라 눈 오듯 사랑이 왔다

돌아온 중섭의 심장

다시 저리 뛰고 있다

달과 까마귀

—이중섭

창가에 턱을 괴고 그려보는 아내 얼굴
그립다, 덧칠하면 바다 한 뼘 깊어지고
바람 든 겨울 무처럼 등허리가 시려온다

가난한 붓 끝에서 갓 태어난 은빛 날개
현해탄 저 너머를 얼마쯤 날았을까
전깃줄 감전된 밤에 까마귀가 돌아온다

불면으로 날아드는 막다른 골목 어디
아내가 오나보다 두런두런 하늘이 끓고
화공은 온힘을 다해 달 한쪽을 깁는다

아파트 심는 도시

소도시 밭이던 땅에 세워진 팻말 하나

'출입금지 경작금지 아파트 짓습니다'

어쩌나, 배추흰나비 밭담 훌쩍 넘는다

바뀐 세상 못 읽는 건 나비만이 아닌 게야

쇠비름 강아지풀 바랭이 쇠뜨기까지

뿌리와 뿌리를 묶고 스크럼을 짜고 있다

로드 킬

넓어진 길에는 사람의 길만 남았다

사라진 길을 더듬던 노란 눈의 무단횡단

오늘도 달맞이꽃이 고양이 소리로 울까

내일 또 해가 뜬다며 가속페달 밟는 아침

햇살 총총거리는 사차선 아스팔트엔

무심히 까치 세 마리 이승 저승 오간다

동강할미꽃

그 무슨 절망 깊어 저 바위 뚫었을까

막장 속 피눈물도 꾹꾹 참은 멍투성이

묵은 잎

링거를 꽂고

지켜낸 세상 한쪽

소나기 마을을 지나며

누군가를
업어본 사람이면
다 안다

불어난 개울가에
귓불 절로 붉어지다

기꺼이
세상을 업어
건너가던
소년처럼

누군가에게
업혀본 사람이면
다 안다

가슴과 등이 만나 서로가 스며드는 것

그렇게
어두운 세상
등 돌리지 말고
내어줄 일이다

사북, 그리고 읽다

추락한 뭇별들은 어디서 노숙을 하나

채굴된 첫 페이지 속독으로 읽어버린

철로엔 씻기지 않는, 문장 한 줄 놓인다

카지노 네온사인 해발 천 미터 근처

간신히 갱도 밖으로 꽃잎 다 흘려보낸

산수유 벼랑에 찍은 십구공탄 옛 불빛

제3부

겨울 강

꼬박 지샌 별들이
다 돌아간 아침녘

강은 스스로 제 몸을 찢기 시작했다

희망도
꼭 저럴 것이다
뜨거워져야
들
리
는

눈 온 아침

그리운 당신에게 편지 한 장 쓸게요

막다른 골목까지 밀려난 고양이에게도

어설픈 안부 따위는 불편한 문체겠지요

오늘은 문체부바탕체로 또박또박 쓸게요

바른생활 교재 같은, 새끼 노루 발자국 같은

착한 말 고르고 골라 낯선 내가 될게요

딥퍼플
—가시 없는 장미도 있다

달빛 눈꺼풀 아래 피어나는 루 살로메에게

심장을 관통하던 가시 따위는 잊기로 해요 고양이의 고백을 믿거나 말거나 빛나던 송곳니는 흥미를 잃었고 얌전해진 사랑이여 라론의 언덕으로 가요 붉은 장미와 잠이 든 라이너 마리아 릴케, 가시 없는 사랑 하나 살포시 피어올라 동트는 새벽이마에 입을 맞추고 풍문으로 떠돌던 계절의 요정들이 입술을 열고 닫을 때마다 주저리주저리 '가시 없는 장미는 없다' 그 습관적인 문장은 이제 폐기하기로 해요

겹겹이 가시 돋친 말 절대 하지 말아요

분홍의 말

몸살 도져 그런 거야,

봄바람 후후 불어

벚나무 터널 속으로 사람들은 빨려가고

한 발도 떼지 못한 나,

계절 밖을 서성이지

사랑을 곁에 두고 어긋났던 날들아

멀어진 간격만큼 굳어버린 입들도

봄이면 상처를 열어 스스로 꽃이 되지

축축해진 원고지의 눈물일랑 날려버려

보아라,

비눗방울 속 아이들이 그려내는

무지개 꿈꾸는 세상이 그늘 훤히 뒤집는 거

이상한 독서

나 혼자 밥을 먹고
혼잣말도 꿀꺽 삼키고

시집을 내리 읽어도
입 안에 돋는 가시

찬물에 말아먹은 시가
고추처럼 매웠다

도서관이 따라왔다

보수동 책방골목에서 시집 한 권을 샀다
'부산진여자상업고등학교' 도서관이라 찍힌
삼십 년 대출된 시집을 삼천 원 주고 샀다

넘어지고 쓰러지고 때로는 훌쩍였을까
사춘기 문학소녀의 손때 묻은 치열함으로
시리게 밑줄 친 봄날 도서관이 따라왔다

바람 좋은 창밖으로 꽃 피듯 꽃이 지듯
무심히 가방에 담겨 반납되지 못한 시어들
그녀가 문득 다가와 사투리를 쏟아낸다

제주 고인돌
—용담2동 581

제주에선 고인돌을 '석선'이라 부르지요
귀퉁이 닳고 닳아 표정조차 읽을 수 없는
옛사람 오래된 잠을 판독하는 바람의 날

섬에서 나고 자라 바람 타는 법을 알지요
저어라 노 저어라 유배지의 파랑주의보
팽나무 그늘에 들면 거친 숨소리가 들려요

이백여 년 출륙금지령도 끝끝내 막지 못한
자유를 향한 항해의 꿈 잠결이듯 튕겨보는
난바다 검은 팔뚝에 일어서는 파도 소리

귀뚜라미

앞말 뒷말 잘라먹고
너도 옳다
그도 옳다

자정이 지나도록
끝나지 않는 난상토론

하현달
쫑긋 귀 세워
끄덕이고 있었지

물영아리

작은 풀씨 하나도 놓치는 법이 없다
맨발로 내린 햇살 잔잔히 스며들어
말없이 상처를 덮는 홑이불이 따뜻해

숨 쉬는 항아리에서 잘 발효된 효소 같은
고요를 끌어당기는 초록이 초록을 낳고
가만히 손을 얹으면 연초록 맥박이 뛴다

넉넉한 산정으로 새 한 마리 날아든다
한 번도 마른 적 없는 겸손의 끝자락에
나도 푹 발을 담그고 착하게 늙고 싶다

고양이를 위하여

세상을 읽지 못한 밤, 비가 내렸으면 했다 비는 내리지 않고
달무리 진 하늘가
핏줄 선 나뭇가지에 눈동자가 빛났다

오래전 놓쳐버린, 꿈 한쪽을 찾는 걸까 난간에 기대앉은 외
눈박이 고양이는
아무도 죽지 않은 밤, 바람처럼 울었다

지상에서 멀어지는 건 이별만이 아니다 땅바닥에 흘려버린
간결한 달의 눈동자
그래서 동백 꽃송이 오래도록 붉었구나

휘청

솔방울을 밟았다
이빨 부러지는 소리가 났다

무심코 내뱉어버린
가볍고 쓰디쓴 말들

괜찮아?
어금니 꽉 깨물고
솔방울이 먼저
물었다

가을이 가을에게

애월을 지날 때면 명치쯤에 얹힌 바다
사무치는 말 한마디 흘려보내지 못하고
풀벌레 우는 벼랑에 나를 세워 놓습니다

아무도 들이지 못한 가슴과 가슴 사이
겸손을 쓸어 모으는 사람도 낙엽이 되어
비우고 또 비우는 마음 처음처럼 읽습니다

사람이 지나온 길엔 버찌 같은 하루가
까맣게 뒹굴다가 고독고독 밟히는 밤
받쳐 든 세상 한쪽이 오래도록 묻습니다

숫자공동체

사랑한 흔적 같은, 남겨둔 발자국 같은
재선충 방제작업에 잘려 나간 소나무들
죄 없이 수인번호 달듯 2056, 2057……

숫자로 매겨지는 건 사람도 다르지 않아
전화번호 주민번호 화장터 대기번호까지
서로를 기억하기 위해 숫자 하나 얹는 거

토르소

청량사 마당 구석에
우두커니 저 고사목

눈도 귀도 다 잘라내고
맨몸뚱이로 선다면

내 안의 군더더기를
지워낼 수 있을까

딱따구리의 시

눈 내려 귀가 환해진 들녘은 평등하다
무밭 배추밭에도 우뚝 선 저 나무에도
각얼음 깨무는 소리 길은 오직 하나다

애당초 썩은 나무에 부리를 댄 적 없다
내가 좋아하는 건 따뜻한 나무의 심장
그곳에 가닿기 위해 죽비가 되고 싶다

잠 설친 새 한 마리 시국선언을 하고 있다
수동식 타자기 앞 두 손가락 타법으로
한 글자 찍을 때마다 온 들녘이 숙연하다

겨울 관음사

멍들고 뒤틀리고 찢겨진 것들의 고향이다

금박장식 벗겨진 미륵대불 어깨 위로

세상을 견디게 하는 눈이 펄펄 끓는다

겨울에는 길이 더 잘 보인다

온전한 겨울 숲으로
함께 걸어가리라

어두운 세상 밖으로
누군가의 앞선 발자국

눈 내려 오직 한 길에
발자국을 포갠다

제4부

난해한 아침

트로이목마 병사들처럼 소리 없이 몰려와

고내봉 턱밑까지 초가을이 침투한 아침

안개는 나를 버리고 저만 혼자 내렸다

조용한 말

그 아이 목덜미에 나비 한 마리 앉아 있다

‘나보다 슬픈 언어를 만난 적이 있나요’

열여섯 질문의 내부, 통증을 읽지 못했다

이따금 바람처럼 바늘이 훑고 갔을까

금이 간 거울 저편 푸른 날개를 펴고

태양을 견디는 오후, 꽃들이 수군댄다

욕의 사회학

가볍게 읽을 수 없는 조선의 여자 있었네

병자호란 삼배구고두례 그 치욕도 모자라

두만강 압록강 건너 끌려간 길이 있었네

환향녀, 화냥년, 덧씌워진 화냥기까지

세상은 욕으로 남아 죽지 못한 죄를 묻고

돌아와 당산나무와 함께 울던 냇물 소리

'홍제천에 몸 씻으면 과거를 묻지 않겠다'

혼자 피다 혼자 지다 열녀문 먼발치에

아무도 지켜주지 못한, 돌아온 사람 있었네

호모 사케르

환한 봄이 왔다는데 무엇을 놓쳤을까 도라지 백도라지 하나님도 버린 꽃들
아직도 떠나지 못해 다리 꼬고 앉았을까

양공주 양색시 밑천 없는 국책사업에 백만 달러 외화벌이로 내몰리던 별들은
동두천 어느 하늘가 떠돌이별 되었나

페니실린 주사약 냄새 떠돌던 몽키하우스 철창 안 깨진 창문에 그녀 아직 남아서
아무도 돌보지 못한 낯선 꿈이 그렇게

그리운 엄마 냄새 빨지 못한 옷 한 벌을 가슴에 꼬옥 안고 입양 갔던 딸아이가
오래된 골목에 앉아 그려내던 엄마 나라

목이버섯

나무는 귀가 되었다
동굴 속 산짐승처럼

울음 그칠 때까지
절망을 후벼 파던

어둠이 머물던 자리
열꽃이 돋아났다

사랑이 아팠던 밤
고흐는 귀를 잘랐다

물감을 쏟아내자
무수히 몸부림치던

내 몸속 모든 별들도
어둠을 빠져나왔다

고전적 편집

문명의 그림자 끌고 비행기가 이륙하자
심장을 관통하는 공포탄이 펑펑 터진다
활주로 새들을 쫓는 맹금류의 울음소리

그 울음 시들지 않아 철조망에 가 꽂히고
공포를 먹고 자란 면도날 같은 푸른 잎들
좀처럼 벼린 말들을 뱉어내지 못하는데,

나는 또 어쩌자고 서대문형무소 그곳에 닿아
물고문 전기고문 벽을 타고 내리 흐르던
벽과 벽 비명의 전류, 피울음에 감전되고

경의선

녹이 슨 철새들이 열차를 끌고 간다

장단콩 콕콕 쪼다 임진 장단 봉동 개성 콩 한쪽 입에 물고 열차를 끌고 간다 토성 여현 금교 한포 삐걱삐걱 날아올라 철조망에 둥지 틀고 알을 낳던 새들아 평산 서흥 홍수 마동 어서어서 가자구나 사리원 계동 황해 황주 역포 너머 대동강 시린 물에 목 축이다 가잔다 평양 서포 석암 만성 녹물 털어 한숨 돌리고 화통 속에 뿌린 뽕나무도 데불고 신안주 맹중리 운정 정주 끊긴 길에 침목 하나 얹고 또 얹고 다시 얹어 선천 남시, 들릴까 육십여 년 그 겨울 경적 소리, 이번 역은 신의주 서울에서 신의주까지……,

어디쯤 가고 있나요
당신이 탄 열차는

숟가락을 드는 봄

사월 어깨너머 푸른 저녁이 온다
이 빠진 사발처럼 걸려 있는
초승달

누구의 가슴 한쪽이
저리 시려 오는지

그림자 빛을 가두며 내 뒤를 따라 온다
한 걸음 딛고 나면 달아나는 발자국

온 섬을 불 지르고 간
그날에 가닿을까

꽃이라 불렀지만 눈물이라 읽힌다
제주 땅 어디에나 울먹울먹 피어나

뿌리째 흔들고 간다,
내가 모른

봄 저편

눈물은 그런 거여 퍼내도 우물 같은
함께 울 줄 알아야 세상을 배우는 거여

힘겹게
숟가락 하나
눈물 한 술
뜨는 봄

아주 특별한 편지봉투
—1946년 12월 9일

함경남도 정평군 문산면 문흥리까지
오십 전 태극문양의 해방 기념우표를 달고
북녘 땅 아버지 찾아 불초자가 띄웁니다

서울서 온 아들 소식 뜬눈으로 읽으셨을까
사립문 종종걸음으로 새벽길을 나섰을
초겨울 발자국 같은 주소지의 곧은 필체

먹물 찍어 한 자 한 자 써내려간 그리움은
산수유 붉은 열매 그렁그렁한 눈물만 같아
함부로 버리지 못하는 아버지의 유산입니다

칠십 년도 훨씬 지나 문득 꺼내 보는 뜻은
오래된 분단의 나라 징표 같은 편지봉투처럼
봄 오듯 그리워할 것이 거기 남아 있다는 거

물의 안쪽

강 건너 빗장을 풀고 누군가 올 것 같다

굽이굽이 접어두었던 그리움이 마냥 흘러

늦가을 먹먹한 가슴 끌어안는 두물머리

어쩌면 물과 물은 이별한 적 없었지

남과 북이 갈라져 등 돌려 흘러온 날에도

끝끝내 서로가 만나 손가락을 걸었으니

우리는 이곳에 와 물이 되어도 좋겠다

스며들어 하나가 되는 여울 속, 당신과 나는

물안개 다발로 피는 아침 푸른 만남을 보리니

촛불의 미학

간절한 사람 앞에선 양초도 꽃 피우나
월계사 보살님이 보내준 사진 한 장

심지 속 들여다보니
참말로 꽃이 피어

세상 다 가질 것처럼 불어오는 바람 앞에
모시나비 귀향을 따라 광화문 광장까지

어둠을 함께 밝히는
그 마음이 꽃이었음을

간결하게 써내려간 오래된 약속처럼
버티고 버텨내자며 맞잡은 두 손으로

뜨겁게 시가 되고 싶어
촛불 밝혀 지샌 밤

진도

딱딱한 가슴으론 그곳에 가지 못한다
아무리 무릎 꿇어도 닿지 못한 바다여
어린 손 손톱에 박힌 비명들이 둥둥 떠

무수히 긁어대던 차가운 물의 나라
눈물은 눈물대로 분노는 분노대로
서로의 등을 기댄 채 촛불 켜 든 사람들

사월에서 다시 사월 슬픔은 목이 길어
부끄러운 나의 시도 가라앉은 바다 속
팽목항 가슴 한쪽이 무너지고 있었다

업사이드 다운*

만 개의 바람이 만나 어린 싹을 틔우듯
천국으로 가는 계단 모둠발로 나아가야
기나긴 여행가방을 끌며 아이들이 돌아온다

그리운 아이들이 손을 잡고 돌아올까
목이 긴 사월이면 비가 자주 내린다
푹 젖은 안부편지를 맨발로 쓰는 꽃비

서귀포 성당 밖에 바닷물이 차올랐을까
스테인드글라스 창 너머 흘러드는 푸른 눈빛들
팽목항 아버지들이 종탑으로 오른다

눈물이 따뜻해야 아이들이 돌아온다
물구나무로 서 보아야 밑바닥이 만져지는
세상과 마주하는 일, 눈물 아직 부족하다

---

* 제1회 강정국제평화영화제 개봉작.

소쩍새 운다

소길리 밤의 뜨락에 소쩍새가 또 운다

서·쪽 서·쪽 살피다가 산·쪽 산·쪽 부르며

무자년 잃어버린 마을 솥단지를 찾나봐

팽나무 혼자 남아 지켜낸 마을 어귀

돌아갈 집을 잃은 앙상한 영혼을 위해

아직도 그곳에 남아 소쩍새가 우나봐

사월, 광장으로

그대,
사월은 이제 광장으로 가자
더는 어둠이라 슬픔이라 쓰지 않겠네
한라산 품어낸 땅에
당당한 시가 되자

살기 위해 산으로 내달렸던 바람도
벼랑 끝에 매달린 까마귀 저 울음도
끝끝내 돌아오지 못한
아버지의 약속도

죽창 같던 고드름 골짜기로 녹아 흘러
잃어버린 마을 어귀 자장가도 불러주며
다 해진 신발을 끌고
산이, 산이 내려온다

아직 누운 백비에 이름 새기는 날까지
너와 나 백두가 만나 춤추는 그날까지

동백꽃 함께 피워낼
사월 광장으로 가자

밥 짓는 사월

아침밥 거른 아이들
등굣길이 허허할까

햇살에 갓 씻어낸 조팝꽃이 피고 있다

압력솥 서둘러 앉힌
사월은 한창
취사 중

해설

생활의 터전인 동시에 역사의 현장인 곳에서

이승하 시인·중앙대 교수

시조시단의 대약진을 경이로운 마음으로 바라보고 있다. 지금 우리 시단의 큰 변화는 시조시인과 시조 전문 문예지의 증가, 시낭송 전문가의 증가, 멀티포엠(일명 디카시) 인구의 증가로 요약할 수 있다. 미래파 등장 이후 우리 시는 지나치게 어려워졌고 지나치게 길어졌고 운율을 잃어버렸다. 문학의 형식을 큰 범주에서 운문과 산문으로 나눌 수 있는데 시라고 발표하는 운문이 산문화되어 시의 정취를 느낄 수가 없으니 독자들이 시를 떠나는 것은 당연한 일이다. 시를 시리즈로 내는 출판사에서 시집을 계속 발간하고 있지만 그 판매부수가 현저히 떨어진 것은 숨길 수 없는 사실이다. 이러한 현상에 대한 역반응으로 앞에서 언급한 세 가지의 '증가'가 진행 중인 것이다. 이 가운데 시조시인의 증가와 시조 전문 문예지의 증가에 대해 잠시 더 이야기를 해본다.

한국문화예술위원회나 경기문화재단, 서울문화재단 등에 가서 심사에 참여해보면 시조시인의 증가를 더 확실하게 체감할 수 있다. 시조 장르만 해마다 투고하는 문인이 늘고 있다. 시조집을 시리즈로 발간하는 출판사도 대여섯 곳이 되고 시조 전문 문예지의 수도 10종이 넘는다. '한국 문인 중에 노벨문학상 수상자가 나온다면 시조시인이 그 상을 받아야 하지 않나' 하는 말이 종종 들려오는 것도 시조시단의 달라진 위상을 말해주는 증좌일 것이다. 우리가 잘 아는 시구 "이화에 월백하고 은한이 삼경인 제"로 시작하는 고시조의 작자인 이조년(1269~1343)의 생몰연대를 보면 시조의 역사가 장장 800년에 이른다. 일본의 하이쿠를 정립한 마츠오 바쇼(1644~1694)의 활동 시기와 비교해보면 우리 시조의 역사가 하이쿠보다 400년이 앞선다. 그러므로 우리는 우리 것인 시조를 마음껏 자랑해도 되는데 세계적으로 선풍을 불러일으키고 있는 하이쿠에 비하면 그 위상이 너무나도 초라하다. 시조는 국내의 대학 국문학과에서 연구가 중단된 상태이고 외국에는 거의 알려져 있지 않다. 이것은 잘못된 일이다.

이런 생각을 하면서 김진숙 시인의 두 번째 시조집 『눈물이 참 싱겁다』의 원고를 읽는다. 읽으면서 가장 먼저 주목하게 되는 사항이 시인이 제주도 출신이라는 점이다. 제주시 성산

읍 시흥리에서 태어났으며, 지금은 제주 한림고등학교에서 영어를 가르치고 있다. 영문학과 출신이니 영어교사가 된 것이 조금도 이상하지 않지만 왜 시조를 쓰게 된 것일까. 작품을 보면 그 이유를 알 수 있을 것이다. 제주도를 다룬 일련의 시조부터 먼저 감상해볼까 한다. 부제를 '숨'으로 붙인 작품에 대해 먼저 이야기하고 싶다.

순비기 질긴 심줄로 배운 것이 물질이라
하루에도 몇 번씩 끊어질 듯 넘어갈 듯
물숨을 이기고 돌아온 자맥질이 아득해

마음 다 쏟아놓으니 가난도 가벼운 걸
세상이 바다였고 바다가 전부였던
고모님 테왁 망사리 물고 가는 새떼여

'밥'이라 크게 쓰고 '숨'이라 뱉어본다
바다의 법을 따라 죽어야 다시 사는
이만한 세상 없더라, 하늘도 바다더라

—「바다가 전부였던—숨 · 1」 전문

순비기나무는 해변의 모래땅에서 자라는 식물로, 마편초과의 낙엽 관목이다. 화자의 고모는 해녀였다. 순비기나무의 질긴 심줄로 배운 것이 물질이었다. 물속에서 참는 숨을 '물숨'이라고 하는데, 아무리 훈련된 해녀라고 할지라도 물숨은 하루에도 몇 번씩 끊어질 듯 넘어갈 듯 '아득한' 것이다. "고모님 테왁 망사리 물고 가는 새떼여"나 "바다의 법을 따라 죽어야 다시 사는 (세상)" 같은 시구는 고모님의 생애를 요약한 명구로 보석같이 빛난다. 고모에게 세상은 바다처럼 험한 곳이었고 어느 시기에는 바다가 삶의 전부였다. 하지만 평생 가난을 면하지는 못했으니…….

고운 손 몽돌 같던
출향해녀 바닷길

사는 일 숨이 가빠
고향 한번 가보지 못한

큰고모 숨비소리가 파도 따라 감겨온다

누이야, 누이야
생전의 내 아버지

못 부친 편지 한 장
동백처럼 붉었을까

갯바위 가마우지도 목이 한참 쉬었다

—「누이야, 누이야—숨·3」 전문

숨비소리는 해녀들이 물질할 때 깊은 바다 속에서 해산물을 캐다가 숨이 턱까지 차오르면 물 밖으로 나오면서 내뿜는 휘파람 소리다. "고운 손 몽돌 같던"이라는 도입부의 단서로 보아 큰고모는 고향을 떠날 때까지 바다에서 살았나 보다. 그러나 고향을 떠난 이후(뭍으로 시집을 간 것인가?) 사는 일이 바빠서 고향에 거의 가보지 못했다. 그런데 그 다음 행의 '출향해녀'라는 표현을 주의 깊게 보아야 한다. 큰고모는 뭍으로 출가하면서 바다를 떠난 게 아니라 고향을 떠나서도 여전히 물질을 하면서 바다와 운명을 같이했고, 삶이 무척 숨 가빴다는 사실 때문이다. 그 상간에 화자의 아버지는 돌아가시고 만다. 오누이가 서로 얼마나 떨어져 살면서 얼마나 그리워했는가는 마지막 두 연에 잘 나타나 있다. 이런 시조 외에도 "성산포 고향 마다 당겼다가 풀었다가/삼나무 가지 끝"(「아코디언 상상」), "애월을 지날 때면 명치쯤에 얹힌 바다"(「가을이 가을에게」), "고내봉 턱밑까지 초가을이 침투한 아침"(「난해한 아침」), "등이 휜 기침 소리가/환해장성을 넘는다"(「섬」) 같은 구절을 보면 김진숙 시인에게는 제주도 특유의 정서가 시조 창작의 주요 동력임을 알 수 있다. 제목이 '섭지코지' '엉또폭포' '물영아리' 같은 시도 지리적 공감대가 클수록 독자가 느

끼는 감동의 깊이도 달라질 것이다. 김진숙 시인은 이렇게 하나의 장소를 불러내어 고향 이미지를 선명하게 부각하면서 그 장소에 얽힌 애환을 시로 쓰는 일에 능숙하다. 한 사람을 떠올리는 일이 하나의 장소를 기억하는 일과 함께 진행되고 있고, 그 인물의 나타남과 사라짐도 그러한 장소가 바뀌는 상황과 함께한다.

제주에선 고인돌을 '석선'이라 부르지요
귀퉁이 닳고 닳아 표정조차 읽을 수 없는
옛사람 오래된 잠을 판독하는 바람의 날

섬에서 나고 자라 바람 타는 법을 알지요
저어라 노 저어라 유배지의 파랑주의보
팽나무 그늘에 들면 거친 숨소리가 들려요

이백여 년 출륙금지령도 끝끝내 막지 못한
자유를 향한 항해의 꿈 잠결이듯 튕겨보는
난바다 검은 팔뚝에 일어서는 파도 소리

—「제주 고인돌—용담2동 581」 전문

이 작품에서 시인은 제주도의 역사를 이야기하고 있다. 석선(石船)은 원래 돌을 실어 나르는 배를 가리키는데 제주도에서는 고인돌을 석선이라고 한단다. 주지하다시피 제주도는 왕조시대의 유배지였다. 우리는 제주도 유배를 갔던 인물로 추사 김정희와 면암 최익현을 기억하고 있다. 세 번째 수에 나오는 '이백여 년 출륙금지령'이란 무슨 뜻일까? 『한국향토문화전자대전』을 보니 이렇게 설명해놓고 있다.

> 조선 중기 제주도민들이 제주 섬을 떠나는 것을 금지한 정책. 15세기에 이르러 조선 정부의 중앙집권화가 안정기에 접어들면서 제주에 대한 중앙정치의 간섭도 강력해져 갔다. 중앙정부의 지나친 행정적·경제적 간섭은 제주도민들을 유민으로 내몰았다. 유민들은 전라도·경상도 해안과 심지어 중국의 해랑도 지역까지 떠돌았다. 제주도민이 제주를 떠나야 했던 원인으로는 중앙관리와 지방토호의 이중수탈, 왜구의 빈번한 침입, 지나친 진상과 그에 따른 부역의 증대 등을 들 수 있다. 시간이 지남에 따라 유민의 수가 증가하고 제주 인구는 감소하였다. 조선 정부의 입장에서는 출륙금지령은 효과적인 정책이었지만, 제주도민들에게는 육지와의 단절로 더욱 고립되는 것을 의미했다. 또한 탐라국 시대 해상을 왕래하며 무역하던 배를 만들던 조선(造船) 기술과 배를 다루던 항해 기술이 단절되었다. 반면 제주 언어의 고유성을 보존할 수 있었을 뿐 아니라 민간신앙을 비롯한 제주의 풍속이 보존될 수 있는

계기가 되기도 했다.

이런 자료를 보니 왜 조정에서 제주도민의 다른 곳으로의 이탈을 막으려고 했는지 알겠다. 그리고 이백여 년 동안이나 시행된 출륙금지령이 제주도민에게 끼친 영향도 알 수 있다. 제주도는 수많은 유민의 후손이 이룩한 섬이기도 했지만 이런 이유로 육지와의 왕래에 제한이 있었다. 그래서 제주도만의 언어와 풍습을 간직할 수 있었던 것이다. "자유를 향한 항해의 꿈"은 유배객에게만 한정된 것이 아니다. 모든 제주도민이 이백여 년 동안 유배객이었다고 봐도 무방할 것이다. 김진숙 시인이 제주도의 시인이어서 그런지 4·3을 다룬 시조가 더욱 절실한 현실감을 갖고 독자에게 다가온다. (4·3사건, 4·3항쟁, 4·3민중항쟁 등 여러 용어가 쓰이고 있는데 해설자는 4·3희생이라고 쓰고 싶다. 하지만 그냥 4·3으로 쓰고자 한다.)

소길리 밤의 뜨락에 소쩍새가 또 운다

서·쪽 서·쪽 살피다가 산·쪽 산·쪽 부르며

무자년 잃어버린 마을 솥단지를 찾나봐

팽나무 혼자 남아 지켜낸 마을 어귀

돌아갈 집을 잃은 앙상한 영혼을 위해

아직도 그곳에 남아 소쩍새가 우나봐

—「소쩍새 운다」 전문

소길리는 중산간 마을 중에서도 오지에 속하는, 100여 호 규모의 마을이었다. 이 작은 마을에서도 대대적인 학살극이 자행되었다. 1948년 8월경 무장대가 경찰 가족을 살해하는 것으로 시작되어 사망자만 해도 80여 명에 이른다. 소쩍새는 보릿고개에 많이 울었는지 '솥에 밥이 적다'는 뜻으로 '솥 적다 솥 적다'라고 울었다는 고사가 있다. 1948년이 바로 무자년이었다. 소쩍새가 "서·쪽 서·쪽 살피다가 산·쪽 산·쪽 부르며/무자년 잃어버린 마을 솥단지를 찾나봐"에서는 4·3 때 불타 없어진 중산간 마을의 폐허를 그리고 있다. 몸 숨길 곳을 황급히 찾던 주민들이 산 쪽으로 뿔뿔이 흩어지고, 마을은 순식간에 불탔을 것이며, 인적 끊긴 마을 빈터에는 빈 솥단지만 덩그러니 남았을 것이다. "돌아갈 집을 잃은 앙상한 영혼"을 소쩍새의 애끓는 울음소리로 표상하면서 김진숙 시인은 그 서글픈 울음소리를 언제든 들어줄 상징물로 팽나무 한 그루를 등장시킨다. 안전한 곳이라 생각하고 산에 숨어 들어갔다가 봉변을 당한 이들이 많았다는 4·3의 현장을 보는 듯 위 시의 이미지들은 생생하다.

문재인 정부가 제주도 4·3의 상처를 치유해주려 몇 가지 조처를 취하기도 했지만 그때 죽은 이들의 원혼과 살아남은 사람들의 상흔을 어떻게 달래줄 수 있을까. 그래서 시인은 이렇게 시를 조문 삼아 쓰게 된 것이려니. 제주도의 4월을 노래한 시가 몇 편 더 있다.

그대, 사월은 이제 광장으로 가자
더는 어둠이라 슬픔이라 쓰지 않겠네
한라산 품어낸 땅에 당당한 시가 되자

살기 위해 산으로 내달렸던 바람도
벼랑 끝에 매달린 까마귀 저 울음도
끝끝내 돌아오지 못한 아버지의 약속도

죽창 같던 고드름 골짜기로 녹아 흘러
잃어버린 마을 어귀 자장가도 불러주며
다 해진 신발을 끌고 산이, 산이 내려온다

아직 누운 백비에 이름 새기는 날까지
너와 나 백두가 만나 춤추는 그날까지
동백꽃 함께 피워낼 사월 광장으로 가자

—「사월, 광장으로」 전문

제주도의 4월을 뭇 시인 묵객은 한이라고 했지만 김진숙 시인은 "더는 어둠이라 슬픔이라 쓰지 않겠"다고 한다. 그들의 무고한 희생을 오늘을 사는 우리가 반성의 계기로 삼지 않으면 그 목숨을 욕되게 하는 것이다. "아직 누운 백비에 이름 새기는 날"이 언제쯤 올 것인가. 작년이 4·3 70주년이어서 제주도민들은 광화문광장에서 문화행사도 행하였고, 미군정 하에서 자행된 민간인 학살의 책임을 묻는 항의도 미문화원 앞에서 진행하였다. 역사 속으로 묻혀버린 일들을 역사서에 바르게 기술되게끔 많은 사람이 노력을 기울이고 있다. 그때 세상을 뜬 분들은 남과 북이 분단되는 과정에서 애꿎게 희생된 분들이니 "너와 나 백두가 만나 춤추는 그날까지/동백꽃 함께 피워낼 사월 광장으로" 가지 않으면 안 된다. '1946년 12월 9일'을 부제로 한 「아주 특별한 편지봉투」 같은 시도 분단 지양과 통일 지향의 주제를 담고 있지만 아래의 시는 해설자의 가슴을 뜨겁게 달구었다.

사월 어깨너머 푸른 저녁이 온다
이 빠진 사발처럼 걸려 있는
초승달

누구의 가슴 한쪽이
저리 시려 오는지

그림자 빛을 가두며 내 뒤를 따라 온다
한 걸음 딛고 나면 달아나는 발자국

온 섬을 불 지르고 간
그날에 가닿을까

꽃이라 불렀지만 눈물이라 읽힌다
제주 땅 어디에나 울먹울먹 피어나

뿌리째 흔들고 간다,
내가 모른
봄 저편

눈물은 그런 거여 퍼내도 우물 같은
함께 울 줄 알아야 세상을 배우는 거여

힘겹게
숟가락 하나
눈물 한 술
뜨는 봄

—「숟가락을 드는 봄」 전문

행과 연을 교묘하게 나눠 얼핏 보아서는 시조 같지 않지만 완벽한 형식미를 갖춘 시조다. 시인은 이 작품에서도 원한에 젖어 원망만 하고 있지 말고 함께 울 줄 아는 연대의식을 가져야 한다고 말한다. 이제는 힘겹게 숟가락을 들어야 한다. 눈물 한 술을 뜨더라도 먹고 기운을 차려야 한다. 눈물은 짜니까.

제주도에 머물렀기에 제주도의 자랑이 된 화가 이중섭을 소재로 삼은 시가 2편 있다.

아내가 뜨개질하듯 세상 밖에 내리는 눈

소가 된 사내를 따라 눈 오듯 사랑이 왔다

돌아온 중섭의 심장

다시 저리 뛰고 있다

—「사랑이 왔다—이중섭의 팔레트」 전문

이중섭 일가의 제주 체류 일화는 잘 알려져 있다. 1951년 1·4후퇴 때 배편으로 원산에서 홍남을 거쳐 부산의 판자촌에 가 있게 되었다. 부산항에 하역작업 일거리가 없으면 식구들 밥을 굶길 지경이 되자 천주교단의 추천으로 제주도에 가 있게 되어 근 1년 동안 서귀포에 머문다. 하지만 제주도에서도 그린 그림들이 도무지 팔리지 않자 다시 부산으로 와서 호구지책을 찾게 되었다. 입에 풀칠할 일자리를 구하기가 여의치 않았다. 아이들이 영양실조 상태에 이르자 이중섭은 아내와 두 아이를 일본으로 보내고, 그 이후 상실감 때문에 술독에 빠진다. 친구들이 배편을 마련해주어 일본에 다녀온 이후 증세는 더욱 심해져 거식증과 조울증, 실어증 등을 앓다 나이 마흔에 적십자병원에서 숨을 거둔다.

이중섭의 일본인 아내 야마모토 마사코 여사는 서귀포에 이중섭미술관이 세워지자 이중섭의 유품 가운데 팔레트를 미술관에 직접 와서 기증한다. 시인은 팔레트를 이중섭의 심장이라고 보았다. 팔레트가 미술관에 옴으로써 미술관에 심장이 들어왔다는 표현이 흥미롭다. '사랑이 왔다'는 제목은 이중섭이 20년 동안 사랑하고 그리워했던 아내의 제주도 발걸음을 나타낸 것이다. 아래의 시도 두 사람의 사랑에 초점을 맞추었다.

창가에 턱을 괴고 그려보는 아내 얼굴
그립다, 덧칠하면 바다 한 뼘 깊어지고
바람 든 겨울 무처럼 등허리가 시려온다

가난한 붓끝에서 갓 태어난 은빛 날개
현해탄 저 너머를 얼마쯤 날았을까

전깃줄 감전된 밤에 까마귀가 돌아온다

불면으로 날아드는 막다른 골목 어디
아내가 오나보다 두런두런 하늘이 끓고
화공은 온힘을 다해 달 한쪽을 깁는다

—「달과 까마귀—이중섭」 전문

이중섭의 대표작 중 하나인 「달과 까마귀」도 단순한 풍경화가 아니라 가족에 대한 애타는 그리움의 소산이었다. "그립다, 덧칠하면 바다 한 뼘 깊어지고/바람 든 겨울 무처럼 등허리가 시려온다"나 "불면으로 날아드는 막다른 골목 어디/아내가 오나보다 두런두런 하늘이 끓고" 같은 표현은 절묘하다. 시조가 닫힌 구조가 아니라 열려 있는 총체임을 말해준다. 자수가 딱딱 맞아떨어질 뿐만 아니라 묘사에도 빈틈이 없다. 시조가 오늘날 독자들도 늘고 창작자들도 느는 이유가 여기에 있을 것이다. 주저리주저리 말을 늘어놓은 산문시에 지친 독자들도 시조의 압축미와 간결미에 매료되고 지망생들도 나날이 늘고 있는 것이다. 지금부터는 탈 제주도를 꾀한 작품을 읽어보도록 하겠다. 그런데 공교롭게도 세월호 침몰도 4월에 일어났다.

딱딱한 가슴으론 그곳에 가지 못한다

아무리 무릎 꿇어도 닿지 못한 바다여
어린 손 손톱에 박힌 비명들이 둥둥 떠

무수히 긁어대던 차가운 물의 나라
눈물은 눈물대로 분노는 분노대로
서로의 등을 기댄 채 촛불 켜 든 사람들

사월에서 다시 사월 슬픔은 목이 길어
부끄러운 나의 시도 가라앉은 바다 속
팽목항 가슴 한쪽이 무너지고 있었다

—「진도」 전문

1948년 4월에 제주도에서 그렇게 큰 비극이 있었는데 66년 뒤인 2014년 4월에도 진도 앞바다 팽목항 근처에서 여객선 침몰사고가 있었다. 수학여행 길에 오른 300여 명 학생들의 "어린 손 손톱에 박힌 비명들이 둥둥 떠"다니는 팽목항 앞바다를 보니 나의 부끄러운 시는 바다에 가라앉고 만다. 영화 〈업사이드 다운〉을 보고도 "서귀포 성당 밖에 바닷물이 차올랐을까/스테인드글라스 창 너머 흘러드는 푸른 눈빛들" 하면서 한국의 세월호 사건을 떠올린다. 시인의 사회의식과 역사의식은 양공주들의 삶의 터전이었던 동두천(「호모 사케르」), 물고문과 전기고문이 행해진 서대문형무소(「고전적 편집」), 카

지노가 들어선 탄광지대 사북(「사북, 그리고 읽다」)에서 촛불혁명의 현장 광화문(「촛불의 미학」)으로까지 확대된다. 병자호란 때 원나라로 끌려간 여인네들이 "홍제천에 몸 씻으면 과거를 묻지 않겠다"고 한 데서 유래한 화냥년의 원래 뜻 환향녀의 의미를 더듬기도 한다(「욕의 사회학」). 이들 시조작품 가운데 형식적으로 특이한 점이 있는 「호모 사케르」만을 보자. 호모 사케르(Homo Sacer)는 '성스러운 인간'으로 번역될 수 있겠는데 조르조 아감벤이 쓴 책 『호모 사케르』가 널리 알려지면서 포스트모더니즘 이후 철학의 주요한 명제가 되었다. 막강하고 거대한 권력 앞에서 나약한 개인이 어떻게 생명을 유지할 수 있는가를 탐구하는 현대철학이라고 보면 될 것이다.

환한 봄이 왔다는데 무엇을 놓쳤을까 도라지 백도라지
하나님도 버린 꽃들
아직도 떠나지 못해 다리 꼬고 앉았을까

양공주 양색시 밑천 없는 국책사업에 백만 달러 외화벌
이로 내몰리던 별들은
동두천 어느 하늘가 떠돌이별 되었나

페니실린 주사약 냄새 떠돌던 몽키하우스 철창 안 깨진
창문에 그녀 아직 남아서

아무도 돌보지 못한 낯선 꿈이 그렇게

그리운 엄마 냄새 빨지 못한 옷 한 벌을 가슴에 꼬옥 안
고 입양 갔던 딸아이가
오래된 골목에 앉아 그려내던 엄마 나라

—「호모 사케르」 전문

시인은 한국전쟁 이후에 미군이 주둔하면서 도시의 기능을 하게 된 동두천을 무대로 시조를 쓰기로 한다. 잘 들여다보고 자수를 헤아려보면 시조가 틀림없는데 언뜻 봐서는 시 같다. 이번에 내는 김진숙의 시조집에는 이와 같이 독자를 헷갈리게 하는 시조가 반수 이상이 된다. 독자에게 혼란을 주기 위해서가 아니라 단형시조의 단조로움을 극복하기 위한 문학적 장치라고 여겨진다. 아무튼 위의 시조는 양공주나 양색시라고 손가락질을 받던 이들을 "국책사업에 백만 달러 외화벌이로 내몰리던 별들"이라고 높게 칭한다. 50년대부터 미군을 상대로 영업한 여성은 상당수에 달할 것이다. 그들의 꿈을 "아무도 돌보지 못한 낯선 꿈"이라고 안타까워하는 시인은 그들이 "동두천 어느 하늘가 떠돌이별"이 되었다고 했다. 한국전쟁 기간부터 외국으로 입양 간 한국의 아이들의 수도 수십만 명에 달하는데 그들의 아픔을 이 시조의 마지막 수에서 위로하면서 눈물을 닦아준다. 희망의 메시지를 몇 개 더 모아보자.

삐끗한 여행길에 뭉툭해진 발톱을 보며
나를 지탱해준 것은 온전히 발이었음을
흰 꽃잎 점점이 찍어 고백하듯 써본다

한 생이 지구라면 반 바퀴는 걸었을까
당신은 그리운 쪽으로 자꾸만 기울었고
힘주어 버틴 시간들 뼈마디도 휘었겠지

심장과 가장 먼 곳에 피어나는 꽃이여
고집도 굳은살처럼 깎여지고 무뎌질 터
두 발이 닿는 곳까지 오늘을 걸어야겠다

—「페디큐어」 전문

누군가를
업어본 사람이면
다 안다

불어난 개울가에
귓불 절로 붉어지다

기꺼이
세상을 업어

건너가던

소년처럼

누군가에게

업혀본 사람이면

다 안다

가슴과 등이 만나 서로가 스며드는 것

그렇게

어두운 세상

등 돌리지 말고

내어줄 일이다

—「소나기 마을을 지나며」 전문

맨땅을 뚫고 나온 청보리 싹을 보거라

열 칸짜리 세상에다 또박또박 써야지

아버지 푸른 말씀들

처음처럼

듣는

봄

—「아직도 나는 보리다」 전문

이런 시조가 지향하는 세계는 긍정의 세계, 소망의 세계다. 울고 나면 사람은 심리적으로 후련해지면서 내일을 설계하게 된다. 제주도 4·3사건도 세월호 침몰사건도 엄청난 비극이었음에 틀림없다. 시인은 "사랑도 울 줄 알아야 한 치 앞이 보인다지"(「청춘을 위한 랩소디」) 하면서 일단 함께 울고, 그들의 눈물을 닦아준 다음에는 '희망'을 이야기해준다. 실명의 슬픔을 딛고 환희의 송가를 작곡한 베토벤이 그랬던 것처럼. 한겨울에 강에 가본 사람은 알 것이다. 강은 보통 추위에는 얼지 않는다. 쩡쩡 강이 갈라지는 소리가 얼마나 큰 아픔을 인내하며 내는 소리인가를 꽁꽁 얼어 있는 강 위를 걸어본 사람은 알 것이다.

꼬박 지샌 별들이

다 돌아간 아침녘

강은 스스로 제 몸을 찢기 시작했다

희망도
꼭 저럴 것이다
뜨거워져야
들
리
는

―「겨울 강」 전문

불면의 밤을 지나면서야 시인은 하늘에서 별빛을 볼 수 있고, 꽁꽁 언 강물은 엄동을 고스란히 겪어야만 몸이 풀린다. 이 얼마나 고통스럽고도 아름다운 삶의 이치인가. 아픈 역사를 간직한 제주도라는 공간을 시의 터전으로 삼으려는 노력을 게을리 하지 말기를, 그러면서도 제주도에 고정되는 시인이 되지 말기를, 보편적인 감각이 공명하는 시조로 우리 시단의 우뚝한 '팽나무'로 서기를 바란다.

이 도서의 국립중앙도서관 출판시도서목록(CIP)은 서지정보유통지원시스템 홈페이지(http://seoji.nl.go.kr)와 국가자료공동목록시스템(http://www.nl.go.kr/kolisnet)에서 이용하실 수 있습니다.(CIP제어번호: CIP2019025027)

문학의전당 시인선 0307

눈물이 참 싱겁다

초판 1쇄 인쇄 2019년 7월 1일
초판 1쇄 발행 2019년 7월 8일

지은이 김진숙
펴낸이 고영
책임편집 서윤후
디자인 헤이존
펴낸곳 문학의전당
출판등록 제2017-000002호
주소 서울시 마포구 마포대로 11길 91, 3층
전화 02-852-1977 팩스 02-852-1978
전자우편 sbpoem@naver.com

ISBN 979-11-5896-426-9 03810

* 이 시집은 서울문화재단 '2017년 창작집 발간지원사업'의 지원을 받아 제작되었습니다.